元レスキュー隊員がみた

事故災害から考える職長の安全な職場づくり

こんなことが…
こんな事故に!

藤田 英男 著

労働新聞社

はじめに

筆者は数年前、長年にわたって安全管理の仕事をした経験を活かそうと、職場の誰もが「ケガをしない、させない教育」を行う小さな会社を始めました。

建設業、製造業などではそのような教育は、職長教育、特別教育（数十種類）とよばれ、特に危険作業に必要な「特別教育」の実施は、「事業主」の責務であると労働安全衛生法に定められています。

しかし、事業主は忙しい・ノウハウがないなどの理由で、外部講習機関に委託しているのが現状です。

講習機関はさまざまありますが、筆者が行う講習は、過去に多くの労災事故の悲惨さをこの目で見てきた経験を活かして、現場のリアルな状況とその時に必要な「実技」を伝えることに重点を置いています。「人の命を守る講習」が受講者に届くよう、前日にイメージトレーニング、リハーサルを行って臨んでいます。

たとえば、「酸素欠乏症等の予防」という特別教育があります。酸欠は閉鎖的空間や地下マンホール作業等に多い事故で非常に死亡率の高い労働災害です。助けに入った作業員が倒れてしまうこともあります。

酸欠などにより心肺停止状態の場合、一刻も早く胸骨圧迫による心肺蘇生法やＡＥＤを使うことが救命の第一歩です。教科書にイラストなどが載っていますが、文字だけの学習ではなく体で覚える実技習得が大切だと思います。ＡＥＤが準備できればいいのですが、作業現場ではそうとは限りません。筆者の場合は「胸骨圧迫による心肺蘇生法」に重点を置いてやっています。なお、忘れがちになるので、日赤や消防の講習を定期的に受講するのも大切です。

また、ロープワーク技術を身につけることも大切です。現場では、いざという時に何か工夫をすることが、作業員の命を救うことにつながります。今現場にある資機材ですぐにやれること、これにはロープが大変役に立ちます。

現場には30ｍくらいのロープ2～3本、それから、2～3ｍ位の小綱も4～5本くらいあるとよいでしょう。いろんな使い道があります。例えば、先に挙げた酸欠の現場でも救助に使うことができるでしょう。

ちなみにロープの結び方で「もやい」というのがあります。これは、簡単に結ぶことができる上、切れるまで緩むことがありません。命を預ける結びは「もやい」がお薦めです。これも実技で覚えてもらっています。

さらに今、「その現場にある危険」を常に意識づけることが必要です。現場をパトロールしている時にハシゴや脚立で作業している作業員に「低いけどここは危ないよ、安全帯を掛けてね」と言うと、「大丈夫だよ、2m未満だから」といつも言われます。

2m以上だと安全帯が必要なことは法律の一部です。法律に書かれていない、例え1mの高さでも今そこに、「こんな危険が潜んでいる」から注意しているのです。

その「こんな」とは、例えば鉄筋が出ている、単管がごろごろしている、石がごろごろしているなどです。こうした場所は、飛び降りたときに、転倒してケガがをするおそれがあります。

実は高いところからの転落より、低いところからの方が圧倒的に事故率が高いのです。なぜでしょうか？

◇高いところは、誰でも恐怖心がある。しかし、低いところはなめてかかることが多い。

◇万一、フラッとしても、飛び降りればいい。

◇ハシゴ、脚立は人におさえてもらっているから大丈夫だろう。

こうした甘い考え。それが最も危険なのです。

前後左右だけでなく、上下もよく見て、今ここにある危険は何かを考えてください。そしてこれは、KYの一部なので、必ず自分の目で見て確認してから作業に入ってほしいのです。KYとは職長を中心にみんなで納得してはじめて生きるのです。

今日1人でも、
あした1人でも、
ケガをしない、させないために、

そして、仕事で一番あってはならないことは？
愛する家族を、大切な人を悲しませること

どうか今日の作業もご安全に！

目次

第1章　事故事例

第1章

事故事例

CASE1　感電死亡事故を防ごう

アース配線不備

感電死亡事故

写真①はある土木現場に設置されていた水中ポンプの電源盤です。端子盤に接続されている色別の電線のうち、この現場では緑色の電線がアース線で、地面に繋(つな)がる「接地」と呼ばれるものです。この現場では、配線も接続もきちんとなっていました。

一方、別の現場の電源盤（写真②）を見ると、折角太いケーブルの中にあるアース線が、接続されていないのが見て取れます。水中ポンプは、モーターが直接水に浸かるので、感電には最も注意が必要です。このままでは、いつ死亡事故が起こってもおかしくはありません。

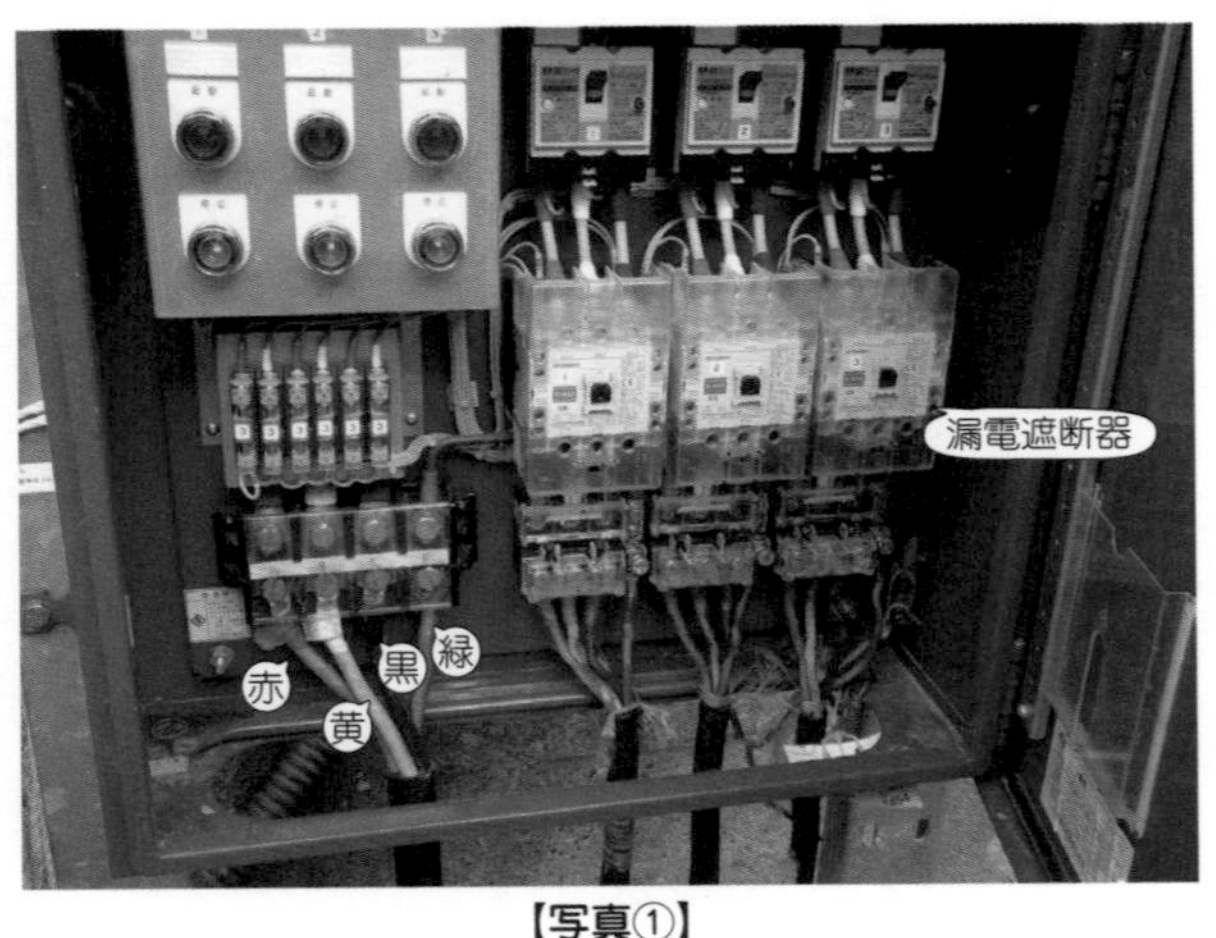

【写真①】

一般的には、電気機械器具に感電防止のためにアースを取ることは広まっています。しかし、具体的役割を知らないため、どれほどの重要性があるのか、取ってない時の危険性は何かを知らない作業員が多いのです。

アースの役割を理解するうえで必要な知識として、電気という事象を簡単に説明します。

次の3項目で、電気の大半を簡単に説明することができます（オームの法則）。

❶電圧…その点と地面に対する電気の圧力で、水道でいえば水圧に相当。
❷電流…電子の流れる強さで、水道でいえば水流に相当。
❸抵抗…流れを邪魔するもので、水道でいえば管や曲がり角に相当。

【写真②】

人間の体はある程度の抵抗を持っていますが、触れた部位が乾いている時と濡れている時とでその値に大きな違いがでます。そして濡れている時のほうが抵抗値が小さいため、電気を通しやすくなります。ですから、夏場で全身汗をかいている、あるいは雨降りの現場で手足がびしょ濡れになってる、こんな時は危険なのです。

ここで、抵抗値が小さいとなぜ感電するのかをみてみます。まず電流の大きさを数式を使って表すと次のようになります。

電流 ＝ 電圧／抵抗

この式から抵抗値が小さければ小さいほど電流が多くなることは明白ですね。この電流が人体に悪いことをする曲者なのです。

充電部分に触ったとき、体に流れる電流が心臓を通過すると心臓が震える現象（心室細動他）が起きます。心臓という臓器はポンプ機能に他なりません。そのポンプが動かなくなるのです。つまり、血液を一番大切な「脳」に送ることが中断され、これが数分続くと死に至るのです。

では、なぜアースがしっかりしていると安全なのでしょうか。

万一電気が漏れても、電流の大部分がアース線を通じて大地に流れるので、人体にはそれほど影響がなくなるのです。漏電部分に触ったとしても人体に流れる電流を少なくしてくれるのがアースなのです。

ところが、折角アース線があっても、端子がさびたままだったり、アース棒をしっかり打っていなかったり（写真③）、まったく接続してなかったりで、感電事故が後を絶たないのです。

もう一度先ほどの数式を見てください。たとえ電圧が12ボルトの車のバッテリーであっても、体が濡れていて、しかも足がはだしで水につかっていたとしたら大変危険です。極端な話、１２０オームの抵抗しかなかったとしたら、なんと

【写真③】アースをしっかり打っていない例

１００ミリアンペアの電流が流れてしまいます。人体は50ミリアンペア位流れると非常に危険なのです（人体の部位にもよる）。

また、電圧が高ければ高いほど電流が多くなることも数式からわかります。したがって、分母である抵抗をできるだけ高める工夫が一番大切になるのです。具体的には、電気機器には、濡れた手で触らない、ゴム手・ゴム長を使う、アースの状態を確認してから作業するなどが重要です。

写真①のようにしっかりとした接地が施されていれば、万一感電したとしても人体を守ってくれます。ですから写真②のようなことは絶対に避けなければなりません。

その他、写真①にあるような漏電遮断器という安全装置のアースも大切です。機械本体のアースとは別にしっかりと接地することが肝要です。写真④の上のように一緒にしてはいけません。

1 mA	5 mA	10mA	20mA	50mA	100mA
ピリッと感じる	痛く感じる	ビリビリくる	筋肉の硬直、呼吸困難。死に至る場合も	短時間でも生命が危険	致命的な障害が残る場合や生命の危険が高い

※ 1 mA は 1 A の 1000 分の 1

【感電するとどうなる？】

　また感電事故は、感電している仲間を助けようとして近づいてさわり、２人とも感電する二次災害になることもあります。救助する場合は、乾いたゴム手・ゴム長を使用し電気を通さない木や竹の棒で負傷者から電線等を離すようにしましょう。
　電気を使わない現場はない、といっても過言ではありません。安心して、安全に使うためにはぜひ守ってほしいと思います。

【写真④】機体本体と一緒にしている危険な例

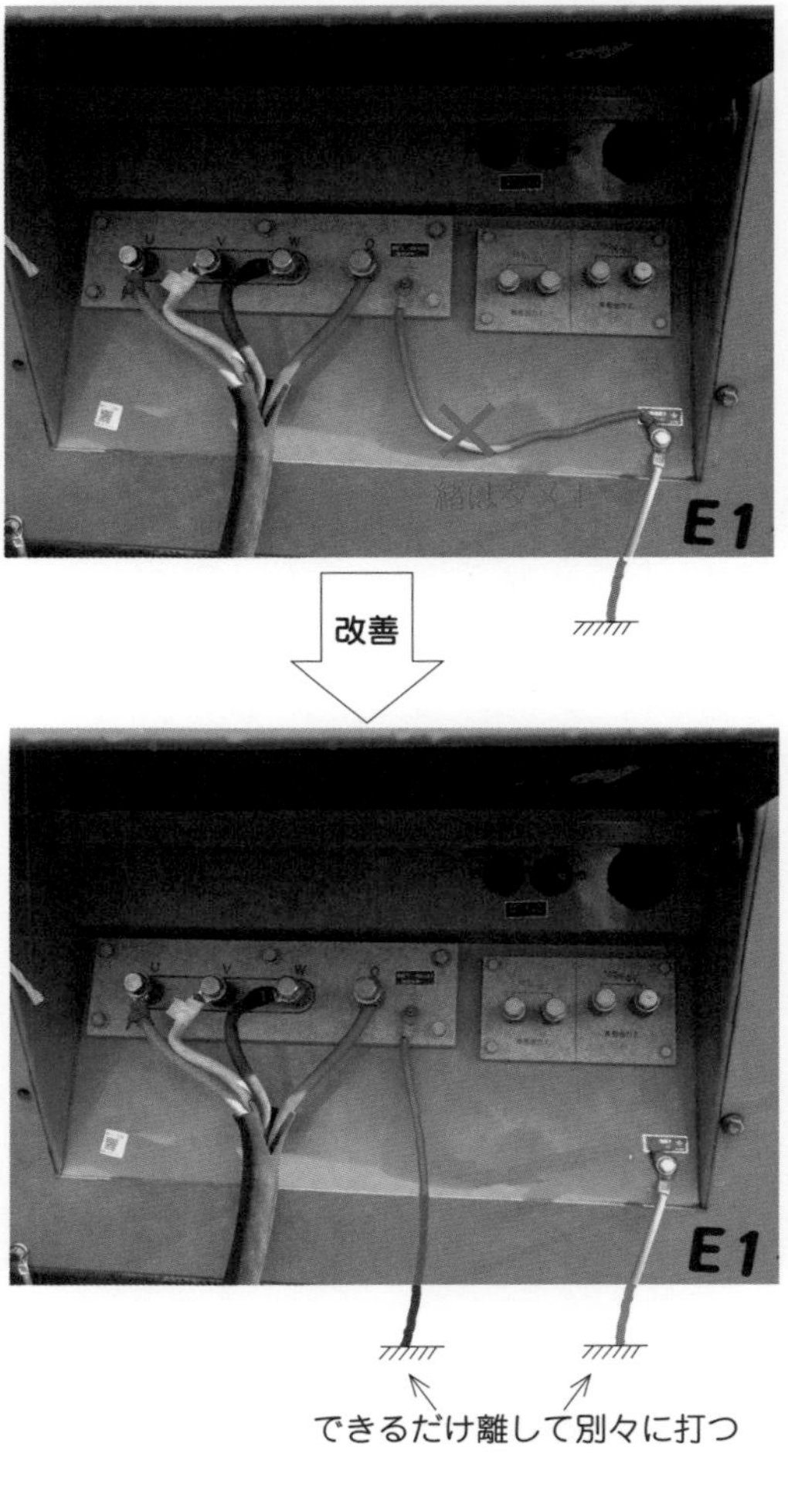

CASE2 「ビリッ」ときてびっくり転倒

家庭でもアースはとっても大切です。感電は非常に怖い事故です。時には死に至ります。現在はどこの何を使うにも「電気」が主力です。

誰にとっても電気は見えないから、怖いもの知らずに気軽に使っています。ちょっとしたポイントを押さえておけばとっても便利で安全でクリーンなエネルギーなのです。

こんな感電事故がありました。

現場はあるアパートです。風呂場で倒れたという通報で出動です。

お風呂へ入るとき衣服を脱ぐのに脱衣場が狭いので風呂のタイルで脱ぎました。脱いだ衣服を脱衣場にある洗濯機に手を伸ばして入れたのです。途端に「ビリッ、ビリッ」ときて、転倒し、ドアのガラスに頭から突っ込んで頸部切創事故。頸動脈なら死亡事故です。

原因はこんな具合です。

洗濯機はかなり古く、しかもアースが取られていませんでした。この洗濯機は長い間に絶縁不良が起きていたのでしょう。そこへ、足元が水浸しの状態のまま、しかも裸（当たり前）で漏電している洗濯機の中へ手を入れたのです。少し前に仮洗いしたままの洗濯物があり水が入ったままの状態の中です。これは、どうぞ感電してくださいといわんばかりの電気回路状態です。

アースの重要性はＣＡＳＥ１で説明しました。理屈がわかればおのずと危険性が見えてきます。必ずアース線をコンセントの端子につないでください。なお、コンセントにアース端子がない場合は、屋外まで線を延ばしてアース棒を打つことが大切です。

CASE3　防水処理が感電防ぐ

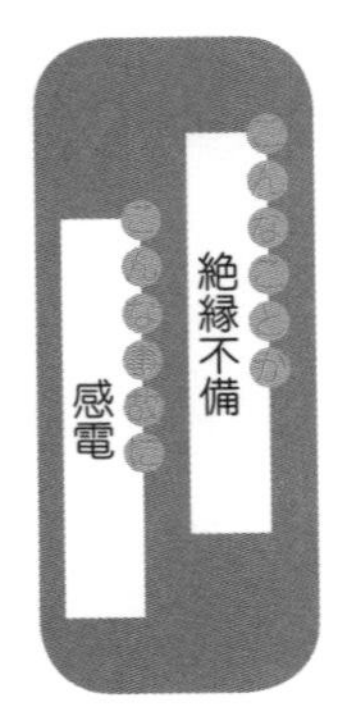

写真⑤の電線の接続部をよくご覧ください。確かに白いビニールテープで絶縁されているように見えます。しかし、近づいてよく見てみると電気絶縁でなく表示用のビニールテープだけでした。しかも巻き方がぴったりしていなく、ところどころ隙間があります。

職長に、

「こんな巻き方はダメですよ。雨が降れば『ビリッ』となって、びっくりした拍子に転んでケガをします。低圧電気の特別教育を受けた人はこんなことしないはずですが…」というと、

「ビニールテープを巻けばいいんじゃない？　線はむきだしじゃないよ、受講はどうだったかなぁー」という返事でした。

【写真⑤】

さてここで『ビリッ』と来ない絶縁のやり方を詳しく説明します。

まず、電線の絶縁は「防水」が確実に機能しているかどうかです。防水性能が悪いと、その部分から毛細管現象で雨水が浸みこみます。水が浸みこんだ上にビニールテープが巻いてあっても絶縁効果は全くありません。つまり巻いていない状態と変わりないのです。

具体的には次のようにしてください。最初はブチルゴムという粘着性のないゴムを伸ばして、しっかり巻きます。これは「自己融着」といって、巻いた後しばらくするとどんな隙間にも入って、全体がゴムで隙間なく埋まってしまうように作られています。これが完全な防水です。ただ、このゴムは耐候性が弱いので、その上から電気絶縁用のビニールテープを伸ばしながらしっかりと二重以上をめどに巻いておきます。普通の表示用のビニールテープでは耐候性が弱いので、必ず電気絶縁用のものを使って巻きます。

ブチルゴムテープや、電気絶縁ビニールテープは電気材料店で扱っ

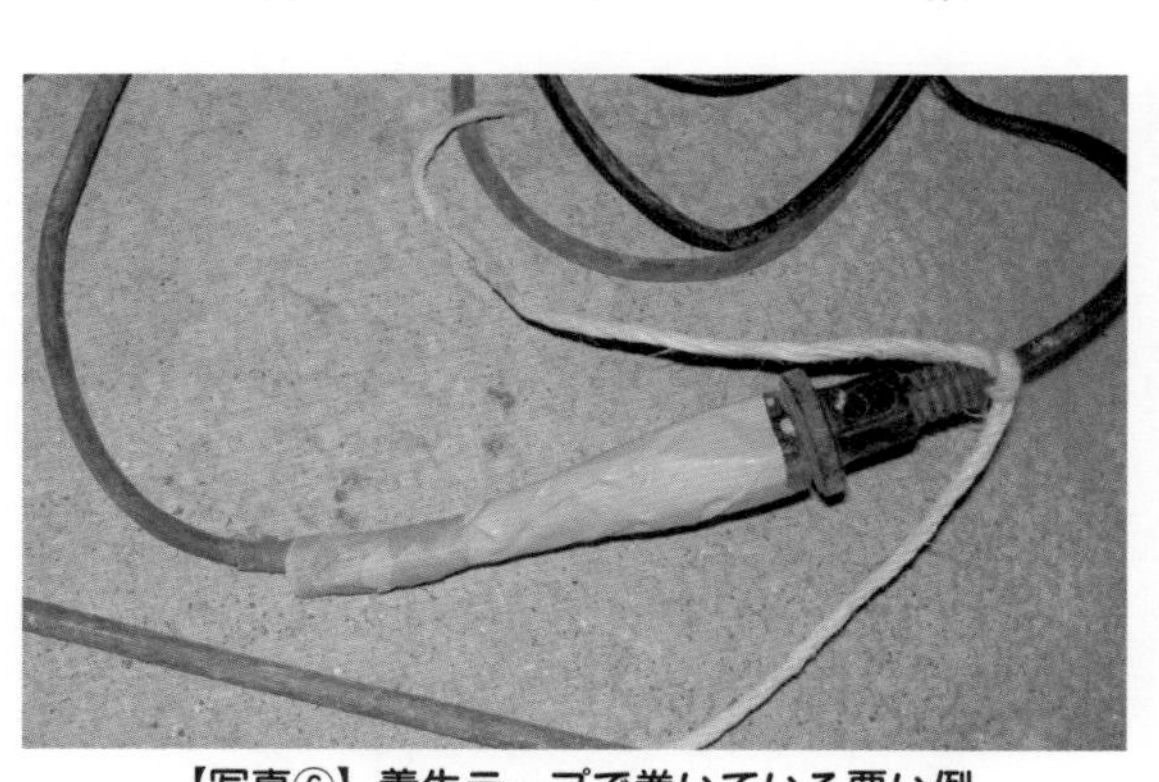

【写真⑥】養生テープで巻いている悪い例

ています。どこにでも売られている、電気絶縁と書いてない表示用のビニールテープと間違わないように注意してください。笑い話ではありませんが、巻くものがなかったということで、養生テープやガムテープを巻いて絶縁したつもりになって、感電したということもあるようです。本来なら、電気工事士にやってもらえばいいのですが、山深い現場などで長さがちょっと足りないなんていうときは、こんなことが往々にしてあるようですから気をつけたいものです。

現場の電気絶縁は、防水性能があって初めて有効なのです。

ちなみに写真⑤は、3相200ボルトの機器の配線です。各相に1本と緑の線が1本の4本が普通です。しかし、この写真例ではその緑色の電線が遊んでいます。見てのとおり負荷側は4芯ケーブルです。電源側は3芯を使ってしまったのです。これはいけません。緑の線はアース線でCASE1で詳しく解説したとおり感電防止の要(かなめ)です。せっかく分電盤側に接地端子があっても、負荷までの途中で接続なしの箇所があれば全く効果がないのです。適切な配線をしないと事故の元になりますので、注意してください。

CASE4　油漏れは、こんな大変なことに…

燃料タンク内蔵の発電機は非常に便利で、工事現場ではよく使われます。それに使用する燃料は、通常写真⑦のように、皿のように囲まれた中に入れておきます。ところでこのお皿の意味、わかりますか？　油が漏れたとき汚いから、だけではちょっと違います。

工事現場の発電機燃料は一般的に「軽油」です。この軽油が万一漏れ出したとき、「防油堤」というお皿で、外部に漏れださないよう防がなければなりません。防油堤容量は燃料タンクの１１０％と決まっています。万一満タンの時漏れだしたとしても、一応10％の余裕をもってつくられていますので

【写真⑦】

絶対に外部に出さないことが条件なのです。

しかし、物が入っていたり、写真⑧のように氷が張っていたらどうでしょうか？

当然その分、受ける容量が少なくなってしまうので、外部流出の可能性があるのです。

なお屋外では雨が降ると当然水が溜まるので、毎日の維持管理が重要です。しかし、水抜き弁（写真⑦丸印）が開放されっぱなしになっていて外部へ燃料が全部漏れた例がありました。これは笑ってすむことではありません。職長の現場パトロール不足です。言語道断。

軽油は消防法で、第4類、第2石油類に分類され、指定数量（少量危険物として貯蔵・取扱いできる容量）が1000リットルと決められています。指定数量以上の危

危険物の規制に関する規則
第22条　令第11条第1項第15号（同条第2項においてその例による場合を含む。）の規定により、液体の危険物（二硫化炭素を除く。）の屋外貯蔵タンクの周囲には、防油堤を設けなければならない。
2　前項の防油堤（引火点を有する液体の危険物以外の液体の危険物の屋外貯蔵タンクの周囲に設けるものを除く。）の基準は、次のとおりとする。
一　1の屋外貯蔵タンクの周囲に設ける防油堤の容量（告示で定めるところにより算定した容量をいう。以下同じ。）は、当該タンクの容量の110パーセント以上とし、2以上の屋外貯蔵タンクの周囲に設ける防油堤の容量は、当該タンクのうち、その容量が最大であるタンクの容量の110パーセント以上とすること。（以下、省略）

消防法
第9条の3　指定数量未満の危険物等の貯蔵又は取扱いの技術上の基準は市町村条例※でこれを定める。

※（市町村条例の例）　指定数量の1/5以上、指定数量未満の危険物を貯蔵し、又は取り扱おうとするものは、あらかじめ、その旨を消防長（消防署長）に届け出なくてはならない。

【写真⑧】

険物は相応の施設でなければならず、一般の現場の燃料タンクは指定数量以下のサイズであまり大きくありません。そのため長期工事の場合によくあるケースですが、現場に予備の燃料が置いてありませんか。そしてその予備も含めた燃料全体の容量をきちんと把握していますか？

指定数量の５分の１の２００リットル未満ならまだしも、それ以上は「少量危険物取扱貯蔵所」という手続きと、安全な保管方法の設備が必要です。消防本部へ手続きをして安全設備が完了してから持ち込みしましょう。

ある水力発電所での事例です。発電タービンの軸受け冷却用の作動油（第３石油類）が配管不良によって大量に漏れたのです。火災発生に至らなくてよかったのですが、危険物施設の維持管理不足ということで、消防本部ではこの「危険物屋内貯蔵所」に「使用停止命令」をかけたのです。この作動油が無ければ軸受けが過熱して発電機が回らないので、当然発電停止となってしまいました。危険物の取扱いを一歩間違えると、こんな大変なことになってしまうのです。

CASE5　携行缶をこんなところに…

こんなことが　誤った置き場所
こんな事故に　爆発

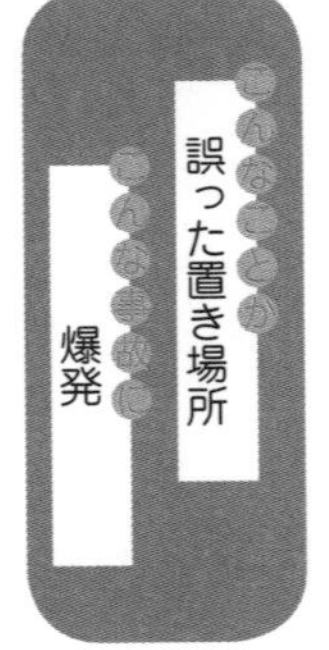

現場で良く使われる発電機。小型のものはガソリンが燃料です。誰でも、どこでも安易に使っているガソリンですが、実はこんな危険があるのをご存じでしょうか？

写真⑨は小型ガソリン発電機と携行缶予備燃料を写したものです。ここに危険が潜んでいますが、何かわかりますか？

携行缶の置き場所が問題なのです。発電機のマフラー直近。排熱で携行缶の内圧が上がり、しまいには爆発します。これは危険！

「職長さんこれはダメですよ、触ってみて。携行缶があっちっち」と言うと、

「アッ、これね、空だよ。さっきみんな注いだから空っぽ…」

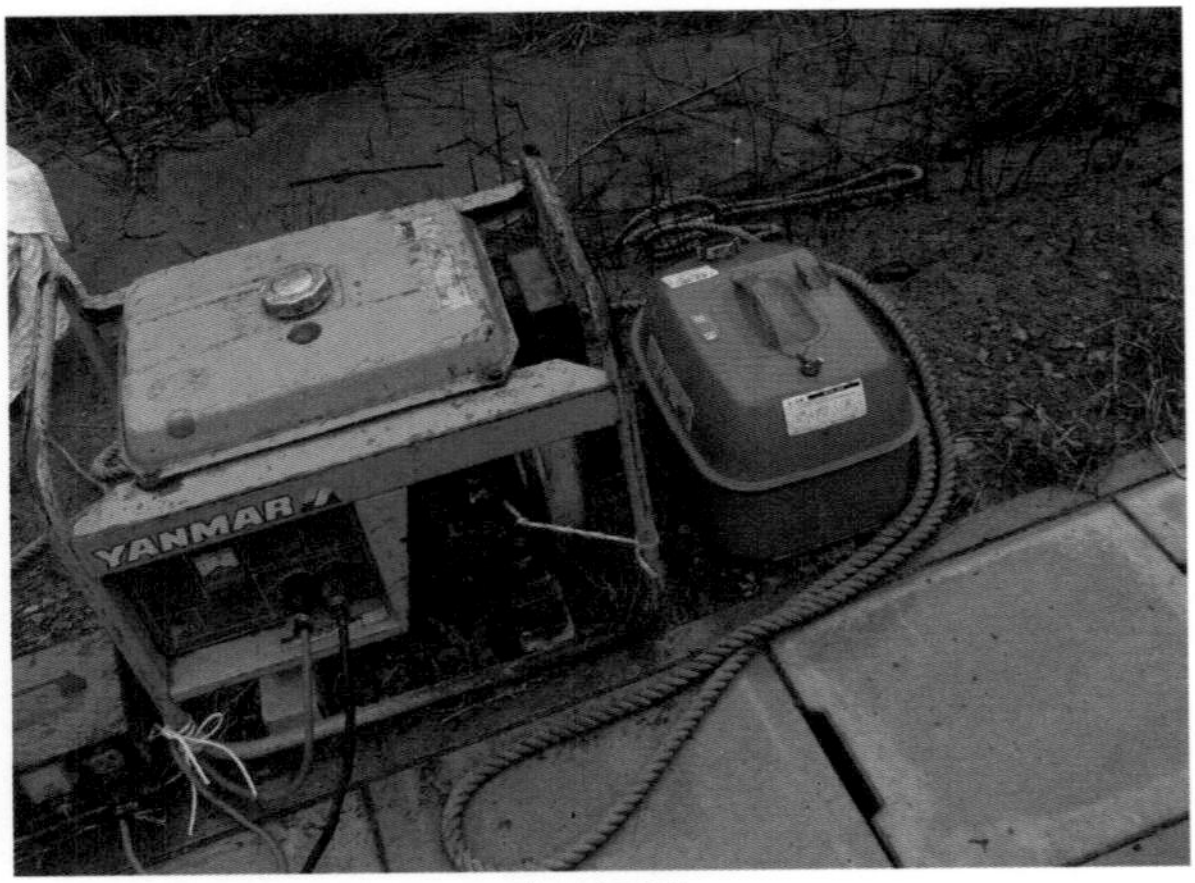

【写真⑨】

「えっ、空っぽならいいと思ったの？」と言ったら、
「ガソリン入ってないから大丈夫」
「ちょっと、空が一番危ないんだよ！」
「えっ、空が危ないってどういうこと？」

ここで話を整理しましょう。

ものが燃えるということは、物質の急激な酸化に伴って熱や光を発生する現象です。簡単にいうと、そのもの自体が燃えだすのではなくて、酸化反応を促す熱（衝突等）をきっかけにものと酸素が結びついて燃えているのです。有機物は燃えやすい性質を持っています。とりわけ、炭素を多く含む有機物は、熱を加えると可燃性のガスを発生し、酸素と結びつきやすくなります。木や紙、布などが燃えやすいのはそのためです（燃焼の三要素）。

携行缶の中にはガソリン（液体）が入っていました。ガソリンそのものはすべて注いだので、中身は一見、空に見えます。しかし液体から気化したガスが携行缶の中に充満しているのです。

携行缶が過熱され圧力に耐えられなくなると、給油口または排圧栓がはじき飛びます。金属と金属

が強くこすれ合って火花が発生、これが火源で引火して爆発するのです。しかも内部へ火が入れば閉鎖空間なので一気に爆発、その威力は相当な破壊力があります。爆弾だといっても過言ではないでしょう。爆弾をマフラーのそばに置くようなこと誰もしませんよね。

ちなみにガソリンそのものに素早く火を突っ込んでも爆発しません。ガスと空気の混合比が燃焼範囲に入っていないからです。しかしこのような実験はそれなりの知識・装置のあるところでなければ絶対にやってはいけません。

なお、携行缶が夏場の直射日光に当たることも非常に危険です。日差しを遮る工夫をしてください。例えば不燃性のトタン板の切れ端などを被せて置いたらいいと思います。

現場でこのような説明をするのですが、「危険物使用の特別教育」の必要性を痛感しています。お互いに、普段普通に使っているガソリンや灯油は一歩間違えれば大事故を起こすことを肝に銘じておきたいと思います。

【写真⑩】
携行缶は日陰においたり、日光が当たらないようトタン板の切れ端などをかぶせる

CASE6　農機具で指切断事故

「指切断」という通報で、山奥の田んぼへ駆(か)けつけたことがあります。コンバインのわら切カッターで根元から親指以外４本切断。しかも右手。見ると鋭利な切り口。再接着の可能性が高いと思ったので、「落ちた指は拾ってありますか？」ときいたら、

「田んぼの向こうですー」

行ってみると、泥の中で、直射日光が当たり、既にハエがぶんぶん。残念！

そんな時はこのように…。

1　切断した傷口に土などがついていたら流水で洗い流す。その時、たまり水は厳禁。必ず流水で。清潔なガーゼを当て、その上から包帯、三角巾、手ぬぐいなどを強めに巻いて圧迫止血(あっぱくしけつ)を行う。どうしても大量の血が止まらないときは傷口のすこし心臓側に止血帯を掛ける。いろんな方法が

あるが、三角巾がとても有効。時々緩(ゆる)めて壊死(えし)させないようにしなければならない。

2 「切断された指」は土などがついていたら流水で洗い流し、清潔なガーゼなどで包みビニール袋に密閉する。ガーゼがなければそのままでも仕方ない。

弁当箱でも何でもよいので容器に入れ、氷水で冷やす。これは氷温保存(ひょうおんほぞん)といって、例えば魚などの鮮度を保つのに使われる一番良い温度。1℃位の凍(こお)る寸前がいい。凍らせてはいけない。なお、直接氷水に入れないことが重要。

3 救急要請の通報時に切断した指は氷温保存で確保してある、と消防へ伝えることが大切。

4 通報内容によって再接着の可能性が高いとなれば、手術可能な病院へ搬送することになる。場所によってはヘリコプターで。時間との勝負。

現実には目の前で指が切断されたら気が動転します。もちろん本人はできるはずもなく、周りの人が落ち着いてこの応急処置をしてください。止血もしっかりやってください。保存状態が良くて、しかも早期に手術できれば再接着の可能性が高くなります。周囲の人がこのように対処ができるかできないかが大きなカギとなります。

人間は指が10本ありますが、万一、1本欠けても大変不便になります。何をするにも力が入りません。道具などドライバーをうまく使えない、回せない。紐を結べない。一升瓶のふたを開けられない。一生不便がつきまといます。４本欠損したら致命的な生活障害です。

農業、建設業、製造業だけでなく、どこでも指を切断する危険性があります。しかし、どの現場であれ、適切な対応を素早くできれば再接着の可能性もあります。応急手当は勇気をもって、落ち着いて素早く行いましょう。

CASE7　刈払い機で目にケガ

近年の草刈り作業は全(すべ)てといっていいほど機械に頼ることになりました。素早く、きれいに刈れる高性能型が続々登場しています。

しかし、取扱いを誤ると重大事故が発生します。なにしろ鋭(するど)い刃のついた円盤が自分のすぐ足元でむき出しで高速回転しているのです。

こんなケガを見たことがあります。

「草刈りしていて目に異物が入った、血が出ている」というので現場へ急行。

見てみると片方の目をハンカチで抑えているが血が出てきている。抑えているハンカチをそぉーっと取ると、異物は角膜を穿孔(せんこう)している様子。すぐに、

「何が入ったの？」と聞くと、

「これっ」と言って草刈り機の円盤を指しました。よく見ると刃のチップが少し欠けています。

これは危険だと判断して、隣町の眼科専門病院へ搬送しました。

先生は、

「これは尖(とが)った小さなものですねー、危ないですよ、うまく取れればいいですが…」

祈るような気持ちで暫(しばら)く待つと、

「やっと取れました。０・５ミリ位の金属片がしかもかなり奥まで入って、もう少しで危ないところだったよ」というお話。無事手術が済んでほっとしたものでした。

事故原因を検証します。

当日のＫＹを見てみました。

❶「本日の作業は整地前の草刈り作業、必ずヘルメットのシールドを下げて目に気をつけよう」

❷「近くの作業員と離れて安全距離を確保しよう」

と一般的なＫＹでしかありませんでした。

現場の様子を見ると、フェンスの網に刃が引っ掛かったような跡がありました。

職長に、

「今日は、この現場の様子を見てからＫＹをやりましたか？」ときくと、

「準備で忙しかったんで見ていませんでした」と言うのです。

筆者が、

「えっ、現場を見ないでKYやるの?」と言うと、

「はい、時々…」

「それはだめですよ。これを見てください。このフェンスの網に刃が引っ掛かったので、チップが欠けたんですよ。草刈り機の刃は大きな異物に当たっても欠けないように凹んだ内部にチップがつけてあるんです。でも、網のような引っ掛かるものに一番弱いんですよ」

現場を見てから、「ここはフェンスの網があるので、脇を少し手刈りして網が絡まらないようにしよう」というKYがあれば、ケガをしなくてよかったのです。

運が悪いと失明です。また目の奥には脳があるので、もし脳の近くまで金属片が侵入していたら、重大事故になっていました。ヘルメットシールドだけでなく、ゴーグルが有効です。

厄介かもしれませんが現場を前もって見なければ効果的なKYはできません。

KYで一番大切なことは「作業員みんなで現場を見てから」です。

CASE8　あれ、車がない

写真⑪は誰が見てもわかる、車止めです。路面は一見平らのようですが、わずかに傾斜しています。

ある現場で、車止めがされていなかったので注意したところ、こんなやり取りがあったのです。

「あのー、車止めがされてないんですが、ここは傾斜地ですよ。危ないからしてね」と言ったところ、

「えっ、安全管理者のあなたが車の構造知らないの?」という返し。

続けて、

「この車は、オートマチック車だからギア（シフトレバー）をパーキングに入れておけば絶対にタイヤが回らないんだ

【写真⑪】

よ！ ノッチが入る構造だから」と、さも自分のほうが正しいという言い方なのです。

私は車検整備の経験が少しあるのでそのことは知っていましたが反論せず、

「あっそう、でもねー、工事現場では平らのようであっても車止めは必ずやる癖をつけたほうがいいよ。何があるかわからないから」と言うと、

「平らのところなんかしたことないよ、オートマチック車じゃなくても動かないんだから」と、素直に聞かないのでした。

この心構えが、事故の芽となります。


別の現場であった事故を紹介。やはりこちらも「ここは平らのようだから」と思い、車止めをせず作業にとりかかりました。しばらくして工事材料を車まで取りにきたところ、なんと車がありません。自分の使用する車はいつもオートマチック車でした。しかし、その日に限っては別の車を使うことになり、それがマニュアル車だったのです。降りるときにギアも入れず、ハンドブレーキもろくに引かないという、いつもの癖がでてしまったのです。

近くで矢板挿入の機械が打込み作業を始めたため、振動が発生し、わずかな傾斜を動き出したのでした。工事の雑音で周囲も車が動いていることに気づかず、その車は川底へ転落。幸いにも人的被害

はありませんでした。

先の現場作業員にこんな説明をしている最中でも、「仕事が忙しいからもういい加減にしてくれ」という態度がありあり。

事故防止の原点は、ハードウェアじゃないんです。やはり、人間が関わる、ソフトウェア、つまり、「素直に聞く気持ち、心」の方が大切だよ、と説明したかったのですが…。

残念な一幕でした。

当日作業の現場状況を見て、危険予知をみんなでやって、みんなで決まったことを守る。

この指示も「職長」の責務です。

CASE9　整理整頓がダメだと…

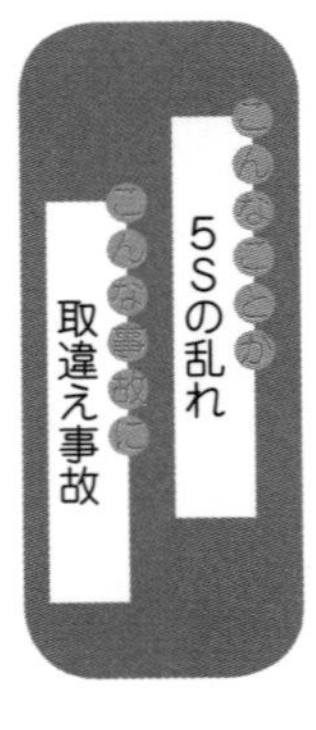

「子供の目があきません、すぐ来てください」
というおばあさんからの１１９番。
「どうしたんですか?」と言うと、
「目薬をさしたら急に泣き出して目があかなくなったんです」という通報。
　現場に着いてみると、10歳くらいの男の子が、
「痛いー、目があかないー」と泣いています。
　少し触ってみると、何かくっついているようです。
「おばあさん、その目薬ってどれ?」ときくと、
「これです」と差し出した。
　なんとそれは瞬間接着剤。目薬に似ている容器の業務用の物。
「おばあさんどうしてこれを…」と言うと、

「この子は今日、風邪で学校休んだんです。熱があるし目が痛いというので、親は共働きでいないし、私が棚にあった目薬をさしたんです。何か間違ったかねぇー、歳取ったら目が遠いもんでー」と棚を指さしました。

棚を見ると、市販の目薬があります。すぐそばにお菓子類、胃腸薬、風邪薬の他、ハサミ、ペンチ、カッターナイフなどなんでも一緒にごちゃごちゃに重なっていました。

無線連絡で事故内容を伝え、すぐに眼科専門医に搬送。

救急者の中で、

「おばあさん、あの棚の上にお菓子類とか薬品、接着剤などを一緒に置いておくのは間違いのもとですから整理するほうがいいですよ」と言うと、

「はい、いつか整理しようと思っていたのですが…でも目薬にそっくりの危ないものがあるんだねー、びっくりしたのぉー」

幸い大ケガにはならなかったのですが、一歩間違えば失明につながる事例でした。

何しろ指にくっついてしまうと無理にはがしたとき皮膚まではがれてしまうことがあるほど強力な接着剤。これが目に入ると大変なことです。

家庭内の事故でしたが工事現場でも同じことがいえます。工事現場では、「整理・整頓・清潔・清掃」それにもう一つ「躾（しつけ）」を足して5Sという張り紙をよく見かけます。やはり、きれいに資機材の整理がなされている現場は事故が少ないようです。取り間違えない、躓（つまず）かない、倒れない。整理整頓の工夫が作業の効率にも役立ちます。そして、何より事故防止につながるのです。面倒がらずにキチンと区分けしましょう。ご存じだと思いますが、現場での「整理と整頓の違い」をもう一度見直してください。

◇整理…その場所に必要と不要を決め、不要なものを移動または処分する。

◇整頓…必要である物の並べ方、置き方を整えておく。直角を基本として斜めなどに置かない。

資機材や道具は、使う前に、もう一度。「指さし呼称」が有効です。

整理・整頓・清潔・清掃・躾

守られていますか？

CASE 10　丸ノコで指を切り落とした

これはある建築現場の臨時分電盤です。何本もあって配線がどこの作業に使われているか、どの業者につながっているのかわかりません。こんなことは、次のような事故を引き起こします。

ここから30ｍほど離れた大工さんが作業を始めるとき、丸ノコの刃の具合を調べようとしました。コンセントが入ったままでは危ないと思い、いったんプラグを抜いてから刃に触っていましたが、急に回転しだして指を切断したのです。自分がプラグを抜いたので安心していたのですが後の祭りでした。

【写真⑫】

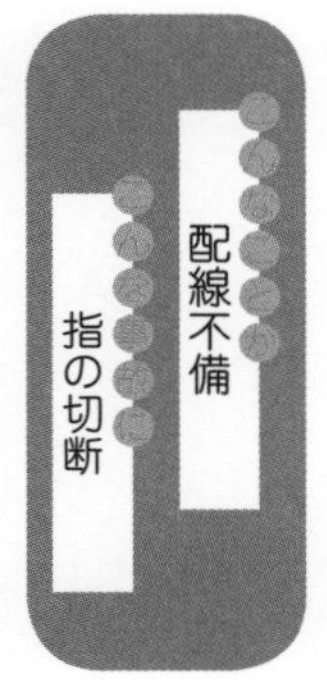

どうして回転したのでしょうか。

左官屋さんが作業を始めようと、自分の作業現場につながるプラグを分電盤へ挿したつもりが、大工さんの現場につながるものを挿してしまったのです。

つまり、行先表示が無かったため、多分これだろうと推測したものが間違っていたということです。悪いことが重なるもので、大工さんも、丸ノコの器具スイッチを触らなければ回ることがなかったのですが、運悪くうっかり押したため事故が発生してしまいました。

「自分で抜いたから安心だ」は通用しなかった事例です。行先表示がないだけで指を切断する重大事故が起きたのです。指1本無いと一生不自由な生活になります。

分電盤のない現場はありません。いろんな現場を安全パトロールして見た限りでは、きちんと行先表示がなされている分電盤は、ほんのわずかです。表示なしでも、たまたま運よく事故がなかっただけのことでしょう。

多少面倒くさいことかもしれませんが、荷札でも、ガムテープでもよいのでプラグの根元に貼って、電気の行先を書いておけば事故は防げます。現場の分電盤を操作するには「低圧電気」の特別教育を受けてください。ケガをしない・させない方法、感電を防ぐ方法など、いろいろ学ぶことができます。

そして、やはり一手間惜しまないことが最善の安全管理です。

CASE 11 目が危ない！目の奥にある脳も…

単管を結束しているのは工事現場でよく使われる「焼き番線」です。でも、切りっぱなしはいけません。

写真⑬のように横から見れば「線」があることは誰でもわかります。しかし、運悪く、真正面だったら、番線の直径分である「点」1個にしか見えないこともあります。これが曲者（くせもの）。何か取ろうとしゃがんだときなどに目に刺さり失明しかねません。

もっと大変なのは、目の奥まで刺さったときです。目を突き抜けて脳まで達すると、死亡事故につながります。

【写真⑬】

焼き番線が切りっぱなしの状態は、職長の現場パトロール不足と、朝のＫＹ不足です。切ったら曲げる。この癖をつけてください。手で簡単に曲げることができますから。

目が見えていることは当たり前ではない。

目が見えていることはありがたく、感謝！

CASE 12 朝喧嘩（けんか）して仕事に出たら…

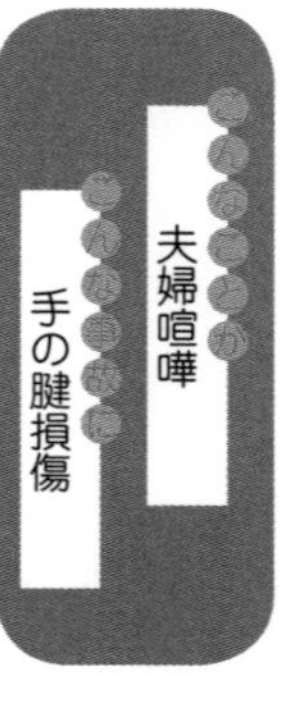

「手に穴が開いた！　早く来てー」と工務店の作業場から救急要請がありました。

　現場に着いてみると左手をタオルでぐるぐる巻きにして唸（うな）っています。

「ちょっと見せてください」と言い、タオルを取り除くと、なんと手のひらに四角い穴が開いていて、その穴から向こうが見えているではないですか。出血も多い。救急手当をしながら

「どうしたんですか、これは」と問うと、

「この機械で切ったんです」

　その機械をよく見ると『ほぞ切り機』といって柱などの木材に四角い穴を簡単にあける機械。

「えっ、この柱の上に手を置いたまま穴を開けたの？」

「はい、ほかのこと考えていたもんで…今朝、女房と喧嘩してむしゃくしゃしてて…」との説明。

　指は切断されていないものの、手のひらの腱が欠落していて、左手は使えなくなるような重傷です。圧迫包帯だけでは出血が止まらないので止血帯をかけ搬送しました。

救急車の中で唸りながら、

「喧嘩してこなきゃよかった。俺が悪い喧嘩だったけど謝れなくて…」とつぶやいたのです。


危険な機械を使う時は、その機械に集中しなければならないことは誰でもわかっています。人間は何かほかに気を取られているとき、また特に心配事があるようなときは注意散漫になり、ケガをしやすくなるからです。自分の手が柱に添えられているその上に機械の刃をおろす行為は、正常では考えられないことですが、ほかに気を取られると実際にこんなことも起きてしまうのです。

救急隊にいてよく見るのは、人生ドラマです。隊員はよく話を聞いて、さりとてプライバシーには踏み込まず、事故に至った根底を聞き出すように努めます。


似たような事案には「他の現場でもこんなことで、こんな事故になったんですよ」と言うと、

「へぇ、危ないね」

「今度はそうしないでくださいね」と言うと、

「そうだね、ほんとにそう思うよ」と言って納得してもらえた時は、類似事故を未然に防げる可能性にほっと胸をなでおろすのでした。

一つでも、二つでも事故を減らすため、起きてからではなく、起こる前にこんなことも…。

「気持ちよく働く」「意欲的に働く」には、精神的安定が必要です。

仕事に出る朝、奥さんとの「ハグ」なんかはどうですか？

CASE 13 作業エリア設定ミス

どんな作業でも、「ここから、ここまでをこうして…」という作業のエリアがあるものです。どこまでが危険でどこからが安全だという範囲明示がないと近くを通る、いわゆる第三者が混乱します。

こんな事故がありました。

歩道の近くの建築物解体工事現場です。この場所は通行人が多く、一応歩道エリアが設定してありました。ただし、建物の高さの分、つまり壁が倒れた時の範囲までは設定してなかったのです。すぐそばの歩道は通行可能でした。

解体工事ですから当然だんだん構造物が少なくなっていき

【写真⑭】作業エリア設定の例

ます。当日、歩道側の最後の壁が残ったので、歩道の方へ倒れないようにロープで引っ張って安全確保して作業終了で引き上げました。

ところが夜にかけて大風が吹いて、ロープが切れたのです。構造物の壁が倒れて歩道を歩いていた人が大ケガをしました。これはあってはならない事故です。工事に関係のない人がなんで事故にあわなければならないのでしょうか？

工事担当会社は、倒れる想定がなかったといいますが、壁の高さが、水平方向に倒れたとしたら歩道まで届く距離であれば、万一のことを考慮して、この歩道も占用許可を取って「通行禁止」にしておけばよかったのです。この事故は作業エリア設定のミスが原因です。

強いていえば、「ＫＹ」不足。

【写真⑮】先のとがった資材を置くときもこのように囲うのが大変良い例です

ＫＹ現場をよく見てから、いつもいわれることですが、
◇もし、こんな風が吹いたら…
◇もし、こんな雨が降ったら…
◇もし、こんな雪が降ったら…
その、「こんなこと○○」を、今現実にそこに見えていなくても、予想してほしいと思います。今そこに見えている事象だけが危険なのではありません。

これも、「職長の責務」の一つです。

CASE 14 足場に資機材を置くな

「足場から物を落とすな」はよくいわれます。特に3階以上になると、小さな物でも落ちたら相当な破壊力があります。

写真⑯の矢印に見えるのは鉄筋。足場を歩く振動などで落ちる可能性は大です。たまたま下を歩いている時この鉄筋が落ちてきて当たれば、大ケガどころか死亡事故につながります。

【写真⑯】

こんな余計なものがあると、落ちる予想も当然ですが、躓（つまず）き転倒もあります。手すりがあるとはいえ、危険な事この上ありません。

【写真⑰】

ボルトやナットでもヘルメット貫通の事例があるほどです。気づいた者がすぐ片づける癖をつけたいと思います。

歩道の近くで工事中、高い所から単管を落としてしまい、通行人の頭を直撃、こんな死亡事故が報じられることがあります。これは、公衆災害といって最も防がなければならない事故の一つです。作業員がどうなってもよいという意味ではありませんが、工事には何の関係もない通行人が遭遇すればたまったものではありません。

何も置かないことが最大の安全管理です。でも、どうしても置きたいときは…

◇資材に結束が原則

◇小さいものは箱などに入れて写真⑱のように保管

高所からの落下は、小さな物でも破壊大です。

肝に銘じてください。

【写真⑱】

CASE 15　ヤカンが燃えた現場事務所

ある寒い早朝、消防本部の通信指令室へ１１９番着信。

「大変だ！　ヤカンが燃えているっ。早く来て！」

「ハイこちらは消防本部です。火災ですね。落ち着いてください。何がどのように燃えているのか、よく見て教えてください。消防車はすでに向かっていますから」

「大きなストーブの上のヤカンがすごい勢いで燃えています。大きい炎で、天井に届きそうです」

「ストーブから火が出ているのですね」

「違うっ。ヤカンが燃えているんです。早く来て！」

到着すると、結構大きな工事現場の簡易的なプレハブ建物。１階の休憩所の大きな石油ストーブの上のヤカンが火を吹いていて天井に燃え移っています。プレハブは火の回りが早い。２階にも火の手が上っています。

放水開始と同時に「間もなく全焼するので早く避難してください。２階に人はいませんか？」とスピーカーで呼び掛けました。すると2階の窓から数人が顔をだし、やっと息を継いでいる様子。昇降階段が燃え落ちていて避難が困難のようでした。梯子車で何とか救助。

結果的に1階休憩所兼事務所、２階宿舎の大きなプレハブ建物は全焼。やけどを負ったものが数人と休憩所にあった高価な測量機械10台を焼損。人身と物損多大な火災事故となってしまったのです。

原因調査のため事情聴取を行うと次のようなことがわかってきました。

みぞれの降る夕方、現場の休憩所へ戻ったA作業員が

「職長、明日使う灯油がなくなっています。買ってきますか」と尋ねると、事務机に向かっている職長は、

「そうだなー、明日も吹雪模様だから買ってきてくれ」

「ハイ、何に入れてきますか？」

「いちいちうるさいなー、オレはいま今日のまとめで忙しんだ。その辺にポリタンクがあるだろう？

何でもいいから行って来い」と言われました。

A作業員は、赤い「灯油専用」と銘打ってあるポリタンクを持って近くのガソリンスタンドに行き、購入した灯油入のポリタンクを数個置いてあったタンクの脇に並べて帰宅しました。

この現場では事務のBさんが、他の作業員が来る前に毎朝熱いお茶を準備してくれています。この日の翌朝もいつも使っている赤いポリタンクに「水」と書いてあるのを確認して、大きな丸いヤカンに水をたっぷりと入れました。そして火を点けた業務用の大型ストーブの上にのせ、お湯が沸くまで近くの自宅に戻りました。

暫くしてお茶出しに戻ろうと自宅玄関を出ると、プレハブ事務所の窓が真っ赤になっているではないですか。急いで戸を開けると「ヤカンが燃えていた」のです。

自宅へ戻り電話をつかんで「ヤカンが燃えている!」と119番しました。

この休憩所兼事務所では水道が引かれていないのでポリタンクで水を保管して使っていました。

◇その日、Bさんは「水」と書いてあるポリタンクを使ったと証言しています。

◇灯油を買ったA作業員はこう証言しています。

「私は赤いポリタンクは灯油専用ということは知っています。水を入れるのは白いポリタンクなので、昨日は赤いポリタンクに灯油を買ってきてしっかりと蓋をして置いておきました。まさか赤いポリタンクに『水』と小さな字があるとは知りませんでした」

◇Bさん曰く

「今まで使っていた白いポリタンクはあったのですが、ひびが入って水漏れし始めたので、職長に聴いたら、その辺の新しいポリタンクで汲んで来て言われました」

「私は、灯油と間違うといけないので、水と書いたポリタンクでヤカンに水をついでいます。今朝も持ってみて重かったので、そのままヤカンに注いだんです」

もうおわかりですね。水と書かれた灯油専用ポリ容器には灯油が入っていたのです。灯油を大きなヤカンで沸かしてしまったのです。ヤカンが燃えるのは間違いありません。

◇消防のC調査員

「Bさん、ヤカンに水（?）を注ぐ時、油のにおいはしませんでしたか?」

◇Bさんは

「わたしは、2~3日前から鼻風邪を引いていて『鼻づまり』だよ。全然匂いは判らないんです」

さて、悪いのは誰でしょうか?
先ず第一には職長です。職長は現場の作業員の指揮監督者なのです。作業員の報告・相談に安全上確実に答える義務があります。
「何でもいいから」「いま忙しいから」では指揮監督の義務は果たしていません。

この現場であれば、こう答えるべきなのです。
「その脇に赤いポリタンクが3つあるが、一つは『水』と書いてあるので、その他の物をもって、スタンドへ行き、空間容積を残して買ってきて。決して満タンにしないでね」

でも、まだダメな個所があります。

❶ 灯油は赤いポリタンク
❷ ガソリンは金属缶(オイル混合ガソリンも)
❸ 水は白いポリタンク

↑
灯油はダメ

↑
水はダメ

いくら「水」と書いても赤いタンクに水を入れるのは「用途外使用」なのです。その逆も絶対に止めてください。白いポリタンクに灯油を入れると材質が溶け出して漏れが始まります。灯油には耐えないのです。ポリタンクはそれぞれの用途に合った材質が使われているのです。

こんな職長は、資格はあっても資質がないということです。あなたの現場でもそのものの用途以外に使っている「用途外使用」はありませんか？　もう一度見まわしてください。

二番目に悪いのは、職長を指導しなければならない「現場代理人」です。現場代理人がしっかりと職長を指導していれば、このようなことにはならなかったはずだからです。

このようないい加減な現場はまだ他にも、用途外使用があるでしょう。普段の姿勢に問題があると思います。

火災は非常に大きなエネルギーを潜在しています。小さな火から百数十軒も燃える大惨事になるエネルギーを決して侮(あなど)ってはいけません。

自分で使った火は、自分で確認始末するのが大切です。よくあるこんなのはダメです。

「じぃーさん、そろそろ寝るよー。ガスの元栓止めたかやー」

おばあさんが使った火は、おじいさんに任せてはいけません。

「そのものの用途に使ってさえ危険なときがある」

「用途以外に使えば事故があって当たり前」

肝に銘じておきましょう。

第2章

見習いたい事例

CASE1　チョットした心遣いがケガ、事故防ぐ

写真⑲⑳をご覧ください。通路の一部に出っ張りがあります。気をつけて通っていても、うっかり顔に当たることもあります。目に当たれば大変です。

このようにテープがぶら下がっていると真っ先に目立つので安心でしょう。

ポケットにこうしたテープを一巻いつでも入れておき、ここは̇と̇思̇う̇と̇こ̇ろ̇に̇す̇ぐ̇取̇り̇付̇け̇る̇の̇が̇一番です。

こんなことが「安全管理の第一歩」です。

【写真⑲】

【写真⑳】転ばぬ先のテープ！

【写真㉑】

写真㉑は山奥の土木現場に高架されている水道パイプです。結構高いところにあるのですが、バックホウが、しかもアームを上げた状態で通ってしまえばこれを切断してしまいます。

そこでこのようにテープを下げておけば、風でゆらゆらして誰にでも注意喚起になります。

一手間かければ事故防止。

万一破損すれば近隣住民の生活水断水、大変な迷惑事故となり、会社の評価は大きくダウン。気をつけたいものです。

一般的に、「前後左右」は良く確認するのですがこのように上下もその癖をつけましょう。なお、単管など長尺物を移動する時、上部の電線にも注意しましょう。

CASE2　こんな現場は事故が無い

どんな現場にも「整理・整頓・清潔・清掃」が掲げられています。

しかし、実態は必ずしもそうなっていないのが実情です。

昔は、散らかっているのを見て、「土方の飯場」といわれたものです。

写真㉒は、ある現場の休憩所です。

余計なものは置かない。必要なものは整理されています。

写真㉓は湯沸かし場です。ごみの選別もキチンとなっています。

こうなっていることが、「事故がない」ということに結び付

【写真㉒】

くとは必ずしもいえませんが、事故を防ぐということは、「物」（ハード）というよりも、「気持ち、心」（ソフト）が大切なような気がしてなりません。

長年安全パトロールをやってきてこんな現場を見るとホッとします。

この現場は過酷な作業でしたが、長い間「赤チン災害」さえ起こらなかったのです。

これは、職長の指示良好によるもので、是非広まってほしいと思います。

【写真㉓】

CASE3　これは素晴らしい！

ある町中の土木現場での出来事です。歩道の近くの作業エリアのトラロープをくぐって中に入ると、資機材が整然と並んでいます。作業員同志の復唱もはっきり聞こえ、何かいい雰囲気でした。職長の腕章をつけている人に、

「ご苦労さんです。きれいな現場ですねー」と声をかけると、

「あっ、パトロールご苦労さんです。忙しいので手短ですみませんが、作業の進捗や安全管理を報告します」といって、手を休めてくれたのです。

「えーっと、これが終わると、この辺まで伸ばす予定ですが、ここは地盤が弱いんでその都度確認しながらやっています」

「資機材はこのように縦と横にきちんと置いてあります。斜めになっているものはありません。これが一番見やすく、取りだしやすいので」

「立ててあるものは倒れないように縛ってあります」

【写真㉔】整然と並んだ資機材

「歩道近くなので作業エリアはしっかり柵で囲って、表示もきちんとしてあります。ひらがなと、漢字と、カタカナです。工事に関係ない人が入ってくることがあり、他社ではそうした人が巻き込まれる事故が最近多いようですから…」

「子供が漢字読めないと困るし、最近は外国人が多くて…、カタカナは読めるようですね」と矢継ぎ早に心地よい報告でした。素晴らしいと感じながら、

「ありがとうございます。ところで、あなたの他、誰か代わりの職長を用意していますか?」と言ったところ、

「ハイ、あと2人います。5年未満に再教育受けています。資機材を取りに本社へ行ったりしますから…そんな時は必ずお願いしてから腕章を渡して交代します」

　なんと素晴らしい報告でしょうか。

「はい、ありがとうございます。手を休ませてすみません。作業続けてください」と言って周囲を見渡しました。作業員の不安全行動も見られず申し分ありません。

「職長、指摘事項はありません。今後もこのようにお願いします」といって帰ろうとしたら、

【写真㉕】危険なところは柵で囲う

「いつでもパトロールに来てください。作業員みんなも励みになりますから…」と手を振ってくれたのです。

現場に入るたびに、まず、どこかダメなところがないかなーと探す癖がついている自分が少し恥ずかしくなってしまいました。これからは、良いところから探すことにしようと現場を後にした一幕でした。

事故があるのもないのも職長次第です。

第3章

危険を退ける安全知識

1　万一火災に遭っても命だけは守ろう

時々、火災により死者が発生しています。本当に残念なことです。何よりも火災を起こさないことが最も大切ですが、起きてしまったことは元に戻すことができません。そこで、命だけは助かる避難方法を知ってほしいのです。覚えておけば命を守ることができるかもしれません。

まず、初期消火が可能かどうかです。消火器が有効ですので常にある場所を見ておくことです。いざという時、探しても間に合いません。使い方はいたって簡単。すべて統一されていて、

1　安全ピンを抜く
2　ホースの先を手で持ち火元に向ける
3　利き腕でレバーを確実に握る

粉末型、強化液型どれも同じです。

ただし、火炎が天井にまで移ったら逃げ時です。無理はいけません。

火災は一瞬にして建物全体に及ぶのではありません。そのため火災を認知してからも、避難できる時間があるのです。安全にすばやく避難するために、前もって避難経路の確認・確保をしましょう。火災になってから探していたのではもう遅いのです。

さらに、その避難経路は「二方向避難」であること、これが命を守るうえで最も大切です。二方向避難の確認とは、今いる建物（家でもホテルでも同じこと）で火が出たら、自分のいる部屋から逃げる方向が２カ所あるかどうか、平常時にちょっと見ておくことです。

例えば２階、３階の部屋にいて入り口から煙が入ってきたら、どの経路で避難を考えますか？　廊下に逃げるのは煙が充満しているので危険です。この場合、反対側の窓側か、ベランダ伝（づた）いに蹴破って逃げるという経路の選択があります。つまり、この部屋の避難経路は廊下と窓・ベランダの２カ所になるわけです。

しかし、そうそうベランダがあるわけではありません。無ければ避難ロープが有効です。ロープ１本あれば避難できます。そのロープも簡単に避難用に作ることができます。

【写真㉖】

写真㉖の「もやい結び」という人間の命を救う簡単で便利な結び方を覚えましょう。

この「もやい結び」でロープを丈夫な部分に結んで、次に「こぶ」をつくります。ここの「こぶ」がとても有効なのです。こぶがなければすり抜けて落ちてしまいます。ホテルのシーツを繋いで長くしてロープ代わりに避難した例もありますので本当に有効なのです。

ぜひ「もやい結び」を応用して欲しいです。絶対にほどけない、力がかかればかかるほど強く結ばれる結びなのです。切れるまで大丈夫です。

【もやい結びの手順】

①小さな輪を作り、末端をそこに通す

②末端を矢印のほうにまわす

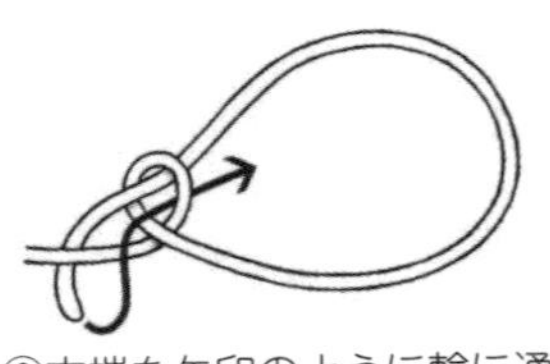

③末端を矢印のように輪に通す

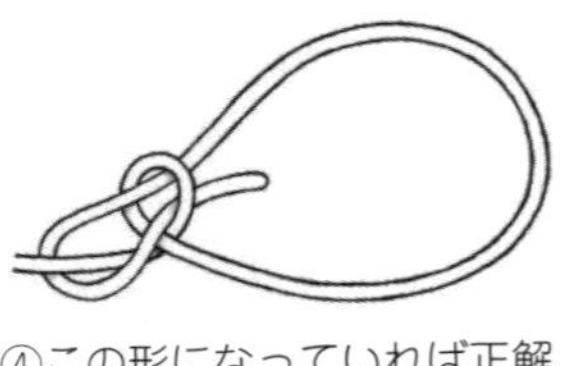

④この形になっていれば正解

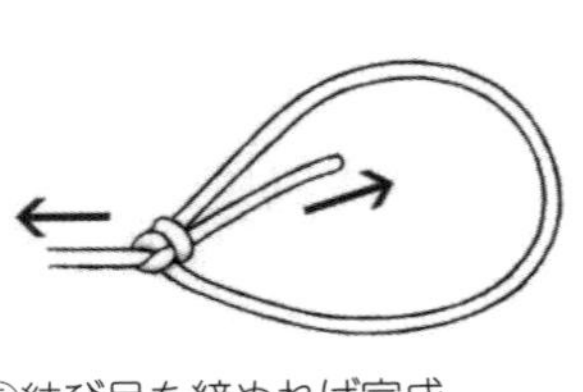

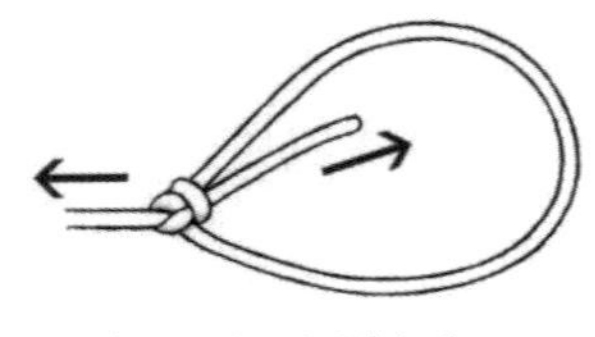

⑤結び目を締めれば完成

インターネット等にある結び方の動画を参考にしてぜひ覚えてほしいと思います。

小さい子供がいるときは「おんぶ」が一番良い方法です。両手を使って行動できます。手を引いていても離れてしまうことがあります。火災現場は暗く騒音が激しいので、いったん手が離れるともう探せません。子供がいるときは普段から「おんぶ紐（ひも）」のようなものを用意することが大切です。

さらに重要なのが、避難時の呼吸です。火災で一番先にやってくるのは実は「煙」です。煙は、有毒で高温の場合が多いので、吸ってしまうと呼吸困難に陥（おちい）ります。煙やガスは、空気より軽いので、上部に多く溜まります。そのため避難時には低い姿勢で逃げるのがセオリーです。床面に、呼吸することができる空気がまだあるからです。

しかし実際には、低い姿勢での避難はなかなか困難です。床に這（は）っている時はなかなか有効な動作はできません。

そこで、「ホースを床にたらし、口にくわえて避難」するという方法もあります。床に引きずるので多少ほこりやごみも吸い込みます。でも、十分な呼吸ができることは実験済みです。低い姿勢になる必要がなく、ハンカチなどで口を押さえる必要がないので両手も使えます。つまり避難行動が制限されません。早く避難できます。これって本当に理にかなっているのです。

そのホースはホームセンターなどで売られている、太めのビニールホース２ｍくらいで十分です。消火器のある場所や壁のところどころに常備しておけば、いざという時に役立ちます。難しいことではありません。使い方は簡単です。

ハンカチを濡らして口に当てることで「気道熱傷」を少しでも防ぐことが可能です。「気道熱傷」とは、気道（喉の奥）が高温の空気やガスに触れてやけどすることをいい、ひどい場合は呼吸困難に陥ります。折角避難しても命に関わります。濡らしたハンカチを通じて呼吸すればかなり温度を下げることができるといわれています。

それから、せっかく避難できたのに、貴重品などを思い出したからといって戻るのは大変危険です。絶対に戻らないでください。

火災現場はいつもパニックになります。正常な心理状態ではないのです。何の必要もないものを持って逃げたり、大切なものを思い出さなかったりします。そして、外に出てから「あっ、あれを持ち出さなければ…」といって再び引き返してしまう場合があります。逃げられたのでもう一度入ってもまた逃げられるという意識が働くのです。これが危険です。

火災進度は刻々と変わっていきます。特に木造の場合、10分位が境目といわれます。そのうち「フラッシュオーバー」という爆発的に燃え盛る現象がやってきて、手のつけられない状況になるのです。絶対に戻ってはいけません。「命あっての物種」と諦めることにつきるのです。

火災に備えた対策としては、家庭用火災報知機の取付けとその維持管理を推奨します。月に1回くらいは試験ボタンを押して動作確認してください。うまく作動しないときは電池不足ですので取り替えましょう。消防法による設置義務があるので、まだ付けていない家庭は是非取り付けてください(設置場所は消防庁ホムページで確認)。

大きな建物やホテル（防火対象物という）などの場合は「自動火災報知機」が設置されています。そのような施設にいる際に非常ベルが鳴ったら、まず放送を聞いてください。「どこで、なにが、どうなっているのか」がわかれば避難方向がわかります。情報は命を守る大切なものなのです。

「火災なんて他人事」とは思わないでください。いつ自分も遭（あ）うかもしれません。その意識があるかないかが、生きるか死ぬかの大きな境目となります。

【写真㉗】

なお、火災の通報は落ち着いて、1どこで、2何が、3どうなっているのかを端的に伝えてください。今いる住所を言えないことが往々にしてあるのです。わからない場合は電話付近に現場住所が書かれたものがないか、探してみましょう。そしてご自身の作業現場の電話付近にも現住所や緊急連絡先リストを貼っておきましょう。

２　命を守る玉掛用具

玉掛用具の取扱い

玉掛ワイヤーが切れると荷が落下して人身事故につながります。ワイヤー自体は非常に丈夫に造られていますが、日常の管理が悪いと簡単に切れることがあるので注意が必要です。

写真㉘のように、水たまりに浸かったりするのは厳禁です。しかもこの現場は海岸近くにあったため、ただの水たまりではありません。雨水が溜まっていたところにしぶきや潮風に運ばれた飛沫が入ったものです。そして次第に雨水が地面に浸透していき水分が少なくなるので塩分が濃くなっています。矢印の部分が錆び始めています。ワイヤーは鋼線ですので、錆びは大変危険です。

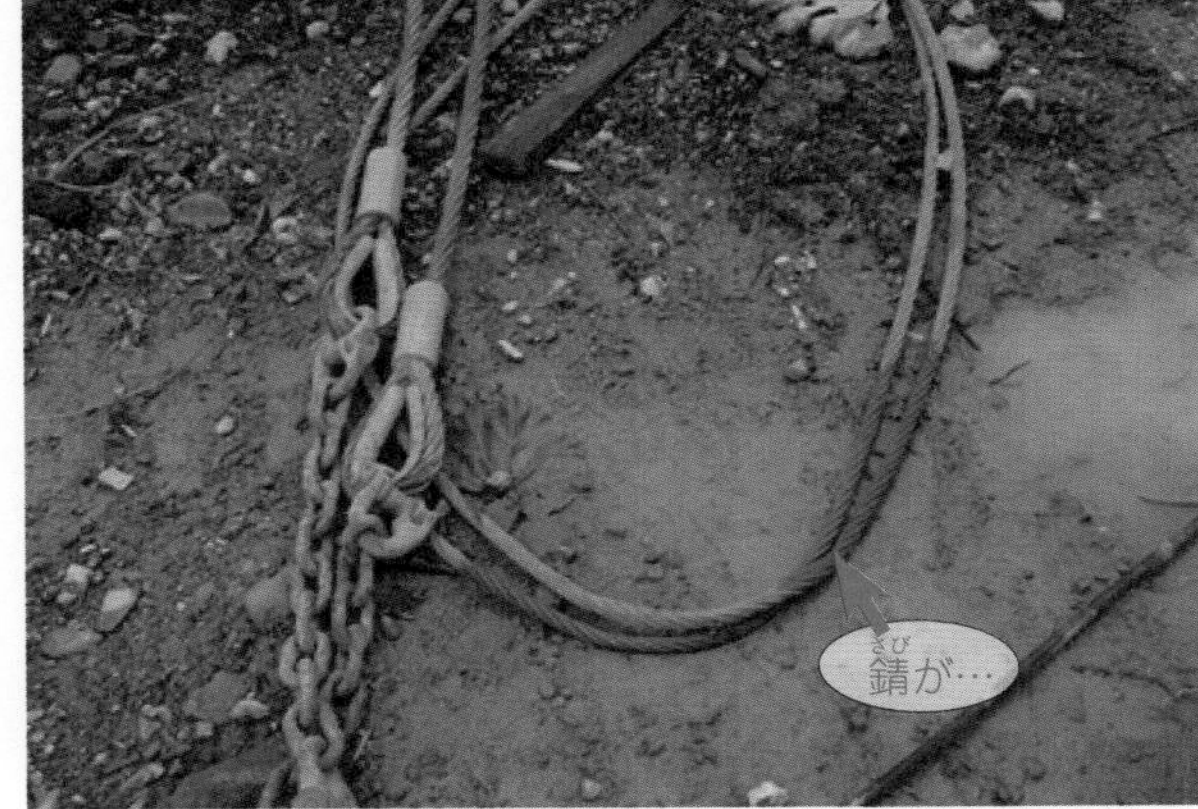

【写真㉘】

まず、ワイヤー自体の構造を知っておきましょう。

一般的なものは、ワイヤーの中に芯が入っており、その芯にはたっぷりとグリスが含侵されています。適度に荷重がかかるとワイヤー自体が若干細くなり中のグリスが滲みだすような構造になっているのです。つまり適度に使っていれば錆びないよう工夫されているのです。使わないままで何年もあるより長持ちするのです。

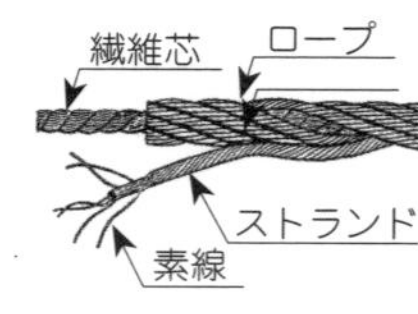

しかし、雨水などに浸かっていると表側の「ストランド」と呼ばれる素線が錆びるので脆くなって一部が切れてしまいます。一部が切れると全体の強度が落ちて、耐荷重が下がり、最後には切断ということになります。

もう一つ気をつけたいことは、「キンク」と呼ばれる状態でしょう。キンクは鉄自体の疲労が増した状態、金属疲労となるものです。針金を何回も折り曲げると、手で簡単に切れる現象です。

いずれにしても、作業員の命を守る玉掛用具、ワイヤーは日常管理が大切です。

最低、次の4点は守りたいものです。

◇地面には置かない

◇使わないときは風とおしの良い場所に掛けておく
◇使い終わったらウェスでふき取る
◇時々許容範囲の荷重をかける

どんな工具や資機材でも、粗末に扱わない「愛情を持った取扱い」、「取扱説明書をよく読む」、「使用前点検、使用後点検をやる」ことが、結果的に「命を守る」ことに繋がると思います。

3 玉掛ベルトは掛けておこう

玉掛用具が切れると作業員の命にかかわります。特に写真㉙のようなベルトスリングは便利でよく使われます。大変丈夫に造られていますが、一つだけ欠点があります。それは丈夫な糸で縫ってある部分が、あることによって劣化することです。

そのあることとは、「湿気（しっけ）」です。夏場など倉庫の隅に無造作に積んであるとどうしても湿気（しけ）ってしまいます。糸が弱くなってほつれることがあるのです。

写真㉙のように、掛けておくようにしてください。ただし、日光（紫外線）も劣化の原因になるので、乾いたら日の当たらない風通しの良いところに掛けて保管しましょう。

【写真㉙】

フルハーネス安全帯も同様に縫い目から劣化します。ですから特別教育の教科書では、安全帯について「保管は必ず掛けておくこと」となっています。

もう一つ注意事項があります。それはネズミ！

ネズミはスリングを食べたくて噛んでいるのではありません。自分の歯が伸びすぎると餌を噛みにくくなるので、硬い繊維で歯をすり減らすためにしているそうです。

ネズミにとっては「ベルトスリング」と「フルハーネス安全帯」の縫い目は歯に引っ掛けるのにちょうどいい具合なのでしょう。

湿気とネズミに注意して「ベルトスリング」と「フルハーネス」を保管してください。

命を守る玉掛用具、一手間かけて維持管理！

4　研削砥石は大変危険

砥石の交換は
特別教育を受けてから

写真㉚を見てください。今にも割れそうな、高速カッターの刃。

「こんなになるまで使ったら危ないよ」と言うと、

「今、替え刃がないんで明日にでも取り替えるよ。まだ切れるし…」

「あなた。特別教育を受けてるの？」

「そんな教育受けなくても、こんなもん誰でも簡単だよ」という返事。

そこで砥石の危険性を説明しようとしましたが、

「仕事が忙しいので後にして！」と言い、別の場所へ消えたのです。

この作業員は本当の危険性がわかっていないと思い、職長にきちんと伝えて現場を後にしたのです。

ここで回転切削工具の中でも危険性が高い高速カッターについて安全ポイントを見ていきましょう。

【写真㉚】

1　使用前に必ず、1分間以上
2　砥石を取り替えたら、3分間以上
} 無負荷運転をしてください。しかも万一砥石が飛んでも身体に当たらない位置関係で様子を見ることが大切です。

③　砥石の「腹」を絶対に使ってはいけません。腹とは切断面の内側、平らな部分です。この腹で鉄筋などのバリ取りをしているのをよく見かけます。絶対にやってはいけません。

この３点は絶対に守ってください。

④　砥石が研削時に破損すると相当広い範囲で破片が飛び散ります。万一目を直撃したら大けがをするので、作業時には必ずゴーグルをしてください。

一般的に「ゴーグルは汗で曇るから使いづらい」といわれます。そこで曇らない物を選んでください。安全用具専門メーカーのしっかりしたものは少し高価ですが命には代えられません。ちなみに簡易な曇り止めはあまり効き目がありません。

いずれにしても、きちんと「特別教育」を受けてから使うようにしてください。

法令上、砥石の取替者は特別教育の修了が必要です。日常業務として砥石による研削加工は頻繁に行われると思いますので、取替者の手配がつかず作業が止まったりすることがないよう、特定の者だけでなく研削作業をする者全員が受講することをお勧めします。

5 滑って転んで、後頭部強打

滑り止め加工

昇降階段は、アルミ製がほとんどで、雪のときには特に滑ります。

昇るときより降りるときが一番危険です。滑って、転んで後頭部強打、重大事故にもなりかねません。

【写真㉛】

階段は昇降の前に雪を払って、というのが常套手段（じょうとうしゅだん）。でも、雪国はそんな生易しいものではありません。みるみる積もるのです。こんな時、どうすればいいのでしょうか。

一番のおすすめは、各段に「すべ縄」を巻くことです。すべ縄は荒縄ともいい、樹木を冷気から守るためにする冬囲いで使うあれです！　稲藁（いなわら）でできていて安い縄です。現場に一巻きあれば重宝します。余談ではありますが、おとぎ話の「わらすべ（わらしべ）長者」の「わらすべ（わらしべ）」も「稲藁の芯」のことです。

雪国では昔から、滑り止めとしていろんなところに使っています。稲藁というものは、もともと表面がざらざらの状態で滑り止め効果抜群です。昔、吹雪のときには長靴に巻いて学校へ通ったものです。

雪に関係ないですが、川の中を歩くときも、長靴に巻くと滑らないのも昔の知恵でしょう。氷の上を歩くときも大丈夫です。試してください。

昔の百姓は、そうそうケガをしませんでした。カケヤ（木槌）の使い方、スコップの使い方、縄の使い方など滑って転んだりしない知恵を持っていたのです。

筆者の持論ですが、「百姓を3年経験したら、一人前の土木作業員」。

それから昇降階段は、手を交互に手すりをつかむ三点支持が安全。物を持っていると三点支持になりません。はしご、脚立、昇降階段は、物持つな！

6 骨折の応急手当（副子固定法）

転んだり、転落したりで骨折事故はよくあります。

写真㉜は、三角巾副子固定法という応急手当です。骨折部位の治りが早くなります。そして、何より本人が痛くないのです。三角巾が無い時は、ウェスを引き裂いた布でもいいので、とにかく、骨折の断面がこすれ合わないように、双方を固定してしまうのが最良なのです。

薄い板が無ければ厚手の本やカタログでも構いません。近くに、小枝があればそれでもいいのです。骨折した部位を中心に左右2カ所、合計4カ所以上が効果的です。

固定すると、ケガ人を搬送する振動や動きに対して安定し

【写真㉜】

骨折時応急処置

ます。これは骨の鋭利になった断面が、神経や血管を傷つけないようにすることにもつながります。出血を伴う開放性骨折でない限り、あまり急ぐ必要はありません。

骨折は三角巾や周囲にある材料でしっかり固定しましょう。

現場の救急箱には何が入っていますか？　胃腸薬、風邪薬…そんなものは家で飲んでください。救急箱には必ず

▽**三角布４～５枚**（止血、固定に有効）

▽**大型のカットバン**（小さな切り傷に有効）

▽**滅菌液、滅菌ガーゼ**（どんな傷にも有効）

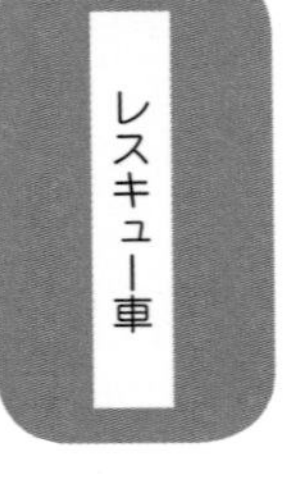

7　事故のレスキュー

事故発生後は無論救急車が先頭になりますが、同時に急行するのが「レスキュー車」です。救急車は一般的ですから説明はいらないとして、レスキュー車はこんな風に使うとか、こんな装備だとかをお話ししましょう。

まず、積載装備品の多さです。人の命を救うのに「これが足りない、あれが足りない」といって済む状況ではありません。

❶ ライナー銃（救命索発射銃）

一般的には聞いたことがないものだと思います。これは大きなライフルのような銃の一種です。例えば、水害などで河川の中州に人が取り残されていて、どんどん増水などという場合は一刻も早く助け出さなければなりません。細い紐が付いている錘(おもり)を打つのです。結構遠くまで飛んでいきます。

中州に到達したら、その紐に太いロープを結んで引っ張ってもらい丈夫なところに結束してもらいます。今度は救助側で、チルホールという緊張器具などで太いロープをピンと張って隊員が伝っていきます。そして、要救助者と一緒に中州から救助されるというものです。

ただ、火薬を用いる本物の銃の一種なので、銃刀法という法律で、銃の所持許可、火薬類使用許可、使用した場合の記録や管理が非常に厳しく、また隊員の訓練など大変な部分がある救助道具だったので、現在は空気圧搾のものにかわっています。

❷　移動式クレーン

2・9ｔが一般的です。多用途に使える「ヒヤブ式」（象の鼻という意味）が多かったのですが最近はあまり見かけません。この方式は象の鼻のようにどの方向にもフックが自由自在に曲がるので非常に便利な使い方ができます。

救助の現場では人間そのものを引き上げることもあるので、寸分の狂いも許されません。その操作に微妙な動きが要求されます。ですから、自在にコントロールできるようフックに大きな筆を付け、紙に字を書く訓練をしたものです。

3 照明機材

夜間などの救助作業には十分に明るい照明が必要です。暗いと何が起きるかわかりません。転んでケガが多くなります。５００ワットのハロゲンランプを10個つけて現場を明るく照らし、伸縮タワー上の位置にあるランプはリモコンで自由に角度を変えられるようになっています。発電容量は10キロワットが普通なので、全部点灯してもまだ5キロワット使えます。十分な容量が確保されているのです。これも徐々に「ＬＥＤ」化されています。

現場では、臨時に架設する電気コードがあります。電気の取扱いが十分訓練されていないと、感電があったりして危ないので、しっかりと「低圧電気」という特別教育がなされています。

4 ウインチ

谷底へ転落した自動車などを引き上げるときに使用します。時には50ｍくらい必要です。レスキュー車のフロントにがっちり装備されています。これは、太いワイヤーで最大荷重５ｔにたえるものです。それ以上の荷重の場合は、ほぼ民間会社の大型レッカー車の到着を待つことになります。時にはレスキュー車のほうが引きずられてしまうので大木の根元など頑丈なものに固定（「台付を取る」という）しなければなりません。ここでロープの使い方が大切な技術となるのです。

5 油圧切断器具

これは別名「カニの爪」といって、鉄板等を切ることも、開くこともできる大きな鋏（はさみ）の一種です。特に交通事故現場などで必要な時が多いのです。

例えば、車の追突事故、さらに前の車に玉突きしたようなときは、サンドウィッチのように押しつぶされたドアは開かないことが多いです。そこでカニの爪でドアを切ったり開いたりして何とか開放し、車内の人を助けます。便利な道具ではあるのですが相当な油圧力です。外れてケッチン（反動）が来たとき持っている腕などが折れることがあって大変危険なので慎重な作業が必要です。

6 溶断装置

装置といっても、片手でひょいっと持てるとっても小さなものです。アセチレンと酸素の組み合わせで炎を出す溶接機の一種です。救助ではもっぱら溶断に使います。**5**の事故のように爪で開いた車内から助け出せればいいのですが、ハンドルやブレーキペダルに挟まって引き出せないことがあります。ハンドルに繋がっているステアリングシャフトやブレーキペダルの素材は非常に硬くてカニの爪で切ることが困難な場合もよくあるのです。

そこで溶断の出番になります。不燃シートを要救助者にかけて高温の炎で焼き切ります。ただし、車内は衝突ダメージでどこにガソリンが滲(にじ)んでいるかわかりません。火がつくこともあるので、消火器を準備して行います。

7 チェーンソー

なんで木を切る道具が?と思われるかもしれません。

こんな事例がありました。

ある山奥のキャンプ場で救助要請。台風襲来で暴風雨でした。救急車と一緒に山道を進むと、狭い道路に人間の胴体位の太い杉の木が倒れています。すぐにチェーンソーのエンジンをかけて、まず枝払い、それから玉切り（規定の寸法に切断して素材丸太にすること）です。大木の切断はかなり危険が伴います。慎重な回し切りや訓練で培(つちか)った技術が活きてきます。

樹木の伐採などは特に死亡事故が多いので安全作業に関する法令改正が最近もありました。チェーンソーの有資格者であっても、法律で決まった時間の補講を受講しなければなりません。

8 各種ロープ、ワイヤー

救助現場では多くのロープが役立ちます。長いものは数百メートル、短いものは、１ｍくらいの小綱でも役に立つのです。結束はいろいろありますが、人間の命を救う、安全な結束は「もやい結び」がよく使われます。これは、荷重がかかればかかるほど締まっていく、つまりロープが切れるまで緩まない結束方法です。

港などの停泊船舶、あの重量のある船舶係留ロープの結束もこの方法と聞いたことがあります。

その他予備の空気ボンベ、大ハンマー、中ハンマー、車両工具類一式、電工ドラム、かけや（大型の木槌）、セーフティーコーン、警戒用トラロープ、検電器、電気テスターなど数多くのものが積んであるのです。

これらを的確に使って、一刻も早く要救助者の命を守ることができるように、維持管理は無論、レスキュー隊員は日夜安全な取扱い訓練を積んでいるのです。

おわりに

縁あって消防本部での人命救助、危険物安全管理、予防行政の仕事を与えられ、今まで見てきたこと、思い出すこと、思い出したくない悲惨な事故、災害の思い出は尽きることはありません。なんでこんなことで命が…。どうしてこんなことでこんな事故が…。救助の事故現場で涙したこともたびたびありました。

42年間勤め定年退職後、これも縁あって「建設業」の専任安全管理に6年間勤務させていただいたのも、貴重な経験であります。心からありがたく思っています。

今まで見てきたことを労働災害事故防止につなげよう、齢70、その思いを社会に還元できないか微力ながら日本一小さな労働災

害防止の教育会社を始めました。その教育の中では、教科書の他、本書のような内容をよく理解して頂くように努めています。

長年の経験から、労災事故があるのもないのも「職長次第」と感じております。

現場を守る職長さんにエールを込めて、

どうか、職長さん、明日の作業もご安全に！

ＲＳＴ糸魚川（職長教育、特別教育専門事務所）

代表　**藤田　英男**

【著者略歴】

藤田　英男（ふじた　ひでお）

昭和 23 年 6 月、新潟県糸魚川市生れ。
昭和 42 年、4 月　新潟県糸魚川市消防本部、消防吏員。救急隊、救助隊、危険物安全管理＆火災予防担当、勤続 42 年、消防室室長、満 60 歳定年退職。
平成 22 年、新潟県糸魚川市、180 人規模建設会社、専任安全管理者 6 年間勤務。
通算、48 年間の安全管理業務経験を生かそうと、平成 28 年、RST 糸魚川（職長教育・特別教育専門事務所）開所、現在に至る。

免許等：大型運転免許、甲種消防設備士第 4 類乙種第 6 類、第 2 級陸上特殊無線技士、RST 職長教育講師、小型移動式クレーン、玉掛技能、ガス溶接技能、熱中症予防指導員

趣　味：アマチュア無線　＜ JAØCAB ＞　免許周波数 1.9MHz ～ 249GHz、無線機器、マイクロ波、ミリ波機器自作、測定器ジャンク漁り、日本赤十字社新潟県支部、糸西無線赤十字奉仕団事務局長

元レスキュー隊員がみた事故災害から考える

職長の安全な職場づくり

著　　者　藤田　英男

2020年4月30日　初版

発 行 所　株式会社労働新聞社
〒173-0022 東京都板橋区仲町29－9
TEL：03（3956）3151　FAX：03（3956）1611
https://www.rodo.co.jp　　　　　pub@rodo.co.jp
印　　刷　モリモト印刷株式会社
表　　紙　オムロプリント株式会社

ISBN978-4-89761-806-7